AF450273

TODO HA SERVIDO

Wendy Rodriguez Ruiz

EDIQUID

TODO HA SERVIDO
© Wendy Rodriguez Ruiz

Editado por: Corporación Ígneo, S.A.C.
para su sello editorial Ediquid
José Olaya 169, ofic. 504, Miraflores. Lima, Perú
Primera edición, septiembre, 2023

ISBN: 978-612-5112-40-8
Impresión bajo demanda

Hecho el Depósito Legal en la Biblioteca Nacional del Perú N° 2023-07830
Se terminó de imprimir en septiembre del 2023 en:
ALEPH IMPRESIONES SRL
Jr. Risso Nro. 580 Lince, Lima

www.grupoigneo.com
Correo electrónico: contacto@grupoigneo.com
Facebook: Grupo Ígneo | Twitter: @editorialigneo | Instagram: @grupoigneo

Colección: Nuevas Voces

Índice de contenido

Dedicatoria...7

Parte I...9

   Tú en mis letras...11

   Ahora que conozco el futuro.......................................12

   La chica del perro..13

   Eres musa 14

   De amor sí se muere...15

   ¿El café o el calor del café?.....................................16

   En tanto 17

   Pertenecemos a algún lado...18

   ¿Qué pasa con Micaela?..19

   Esos dos se hallan 20

   Amor..21

   Sobre todo, y siempre, él...22

   Hasta ese día 23

   Y pensar que ya no haces falta....................................24

   Este aire eres tú...25

   Extraño todo, menos a ti..26

   Silvia 27

   Marzo 28

Parte II...29

   Todo por ese lunar..31

   Una vida silenciosa 32

   En carne viva 33

   La onírica realidad 34

   Ahora que somos grandes...35

   Causa y efecto..36

   Resistir..37

   Pertenecer..38

   Cómo lo veo...39

   Algo más sustancial...40

   El trauma...41

Algo no le han contado 42

Una vez se usó el rechazo 43

El evasivo Santiago 44

Nuestro techo 45

Su inseguridad y mi delirio 46

Existencia inquieta 47

Flashback de la niñez 48

Cuando no se perdona 49

Hagamos silencio 50

La eterna Saori 51

Cosas 52

Mis certezas 53

Su condición 54

Sobrevivir 55

La razón del café 56

Todo es sobre él 57

La costumbre 58

Micaela en cuarentena 59

He muerto tantas veces 60

Te busco si te extraño 61

La del cigarro 62

Apenas se respira 63

Martha 64

Elvis y el oso marrón sin nombre 65

Mucho no es bueno 66

Dúrame 67

La vida con agujeros 68

La eternidad para nosotros 69

Maleable 70

Conversaciones estériles 71

Interlocutoras 72

Las amigas del deporte 73

Eran presas 74

La piñata y la línea de partida 75

Y al final, hoy 76

Dedicatoria

A Dios, que es fiel, que no me ha soltado y se ha encargado de que me ponga a trabajar en este mi primer libro.

A mi madre, mi viejita, quien en su insistencia para que sus hijos hagamos las cosas nos dice que la vida avanza y nosotros debemos avanzar con ella. Te amo, viejita. Eres lo que necesito.

A mi padre, mi viejito, debes saber que no se puede decir mucho cuando se siente tanto como lo que yo siento por ti. Gracias por absolutamente todo lo que le has dado a mi vida. Gracias por haber sido siempre un papá proveedor y protector.

A mi hermano Luiggi, que ha sido mi compañero de juegos, además de mi protector y amigo. Gracias por tu bondad porque es una lección de vida. Gracias, además, por quererme tanto y por hacerme saber que estás orgulloso de mí.

A mi hermana Silvia, que hoy está en el cielo. De eso no hay duda, porque fue buena. Te gustaba cómo escribía, de modo que hoy solo faltaría volver a escucharte decirlo. Además, debes saber que no hay tiempo en que estés ausente.

Parte I

Tú en mis letras

Mis hojas en blanco son tus silencios.

Mis rayones, tus errores.

Mis poemas, tus aciertos.

Esta novela, nuestra historia entera.

El final contado: cada uno por su lado.

Aunque el corazón, haciendo memoria, se encienda, otra vez te suelto, pero no porque quiera.

Micaela a Santiago, el amor de su vida

Ahora que conozco el futuro

No quiero ponerme al día con las veces que falté a tu cumpleaños.

En cambio, quiero que sembremos juntos alegrías en los próximos sesenta años.

Quisiera, sí, colmarte de besos por todos los que no te he dado, con eso pretendo que te hagas idea de cuánto te he extrañado.

Para celebrar, tenemos muchas razones; por ejemplo, el hecho de decirte: feliz vida, esta medianoche.

Otra, quizá, sería escuchar cómo se cruzan tu risa y la mía, así como lo hacen ahora nuestras manos después de haberse separado por años.

Una vez, en un correo, me escribiste: «…ser el primero en llamarte a medianoche era algo que disfrutaba», y yo, ahora que conozco el futuro que nos esperaba, te diría: «…nos llamaremos cada cumpleaños, a la medianoche. No pasa nada. Descuida, que nuestro amor seguirá vivo, seguirá vivo a pesar de nuestra larga pausa».

Micaela al amor de su vida

La chica del perro

Siempre que vea a una chica con su perro, Micaela se verá a sí misma. No importa si la chica está en sus 20 años y Micaela ya es una mujer madura, siempre será la chica del perro.

Se podría pensar que es porque toda su vida ha tenido canes, pero no, no es por eso. Micaela, de hecho, tuvo pérdidas en algún momento, demasiadas para un solo tiempo.

Su perrita fue su salvavidas, se convirtió en su mundo y Micaela en el mundo de ella.

Hoy, su perrita ya no está, pero esos tiempos y ella siempre vienen a su memoria cuando ve a una chica con un perro.

Eres musa

Quiero dedicarte cartas, libros, poemas.

Quiero escribir para ti la vida entera.

Quiero no tener que darte besos de despedida y sentirme siempre perdida cuando me miras.

Me gustas hace mucho y me sigues gustando.

¿Cómo puede ser que hasta hoy me sigas cautivando?

¿Qué me has hecho?

¿Por qué me pierdo tanto cuando no te das cuenta de que te estoy mirando?

Micaela al de toda la vida

De amor sí se muere

Le dije una vez que jamás dejaría de amarlo,
que solo la muerte acabaría con ese amor,
y así fue; me destruyó, me mató,
y yo, desde luego, dejé de amarlo.

¿El café o el calor del café?

Hace tiempo que Micaela no va al café de siempre.

Acaba de tomar helado en casa.

Se siente fría, hasta la nariz la tiene fría.

Piensa que sería buena idea contrarrestarlo tomando un café.

Luego, piensa que mejor el café se lo toma en la mañana donde siempre.

Así la calienta el café y la cordialidad de la señora o jovencita (quien esté de turno) que siempre la saluda como quien recibe a una amiga de toda la vida.

En el fondo, sabe que es por protocolo de atención al cliente, pero para días tan fríos y solos, esa calidez protocolar e impersonal le sienta bien.

Es más, la quiere.

En tanto

Extrañar y hacer de cuenta que no pasó, porque hay que andar y andar.

Recibir el impacto de la noticia más veces que la primera, porque mi mente la realidad bloquea.

No me voy a enojar. No voy a reclamar.

Pensaré que un día nos vamos a reencontrar; mientras tanto, a andar y andar.

Cuando la hermana de Micaela murió

Pertenecemos a algún lado

No tengo nada que decir sobre ti porque no se puede hablar cuando se siente tanto.

Cuando he querido estar seria, la sonrisa me ha ganado.

Mirarte no ayuda tanto y menos que me abraces o me tomes de la mano.

Si regresaste a mí, después de cuatro años sin saber de ti ni haberte hablado, es porque, sin duda, uno siempre pertenece a algún lado.

¿Qué pasa con Micaela?

Micaela es un ser extraño, se lo han dicho.

Ella es consciente de que eso puede no ser atractivo y no la ayuda a «encajar», lo que pocas veces ha hecho y por momentos fugaces, razón por la cual anda sola; razón por la cual su propia compañía basta; razón por la cual solo ha tenido un gran amor toda su vida, amor que ve hermosura en su rareza.

A Micaela no le gustan los domingos, le dan ansiedad. Micaela sufre de ansiedad, sufre por lo demás, sufre por ella, sufre. También es feliz por los demás, es feliz por ella, es feliz.

Micaela es un asunto que está resolviéndose, es un asunto que está siendo, también creciendo.

Esos dos se hallan

Ese hombre y ella se reconocen a través de la poesía,

también a través de reflexiones compartidas sobre arte, política y sociedad.

Se entienden, se admiran, quisieran quererse.

Ella es menudita. Él, alto y grande.

Juntos son como Frida y Diego.

Un Diego más enamoradizo, fiel y devoto.

Una Frida más desprendida, menos afectiva y más consecuente.

Amor

El amor está situado entre el día que nos conocimos, los años que pasamos juntos, los que estuvimos separados y ese tiempo en el que nos reencontramos.

¡Que el amor nunca se fue!

¡Que el amor siempre estuvo!

¡Que el amor siempre estará!

Micaela al amor de su vida

Sobre todo, y siempre, él

Esos sábados en casa los recuerdo con mucha nostalgia;
eran momentos felices.
Esos podían ser mis planes de sábado toda la vida,
él, la cama, las películas, los piqueos,
a veces cervezas, a veces música, a veces muchas otras cosas,
pero, sobre todo, y siempre, él.

Hasta ese día

Micaela tuvo un gran amor en su vida, el gran amor de su vida,
ese que trasciende tiempos, parejas y heridas.

Como muchos de esos amores, ese también regresó
y, como siempre ocurre en estas ocasiones, la desarmó.

No perdonó tiempo ni cicatrices ni la distancia que hubo
por años entre ellos,
le despertó todo lo que ella asumía dormido o, en el mejor
de los casos, vencido.

Tuvo un gran amor de su vida, tuvo, ya no lo tiene.

No está muerto. Ella entendió que ese es el título que uno
decide ponerle a alguien, porque el amor se decide, no se siente. Lo entendió cuando aprendió a predecir heridas, desamores
y penas.

Decidió que fue el gran amor de su vida hasta ese día. Fue y
lo fue por muchos años, demasiados.

Ese día soltó y se sostuvo ella. Le volvió a decir adiós al gran
amor de su vida, al gran amor de su vida hasta ese día.

Y pensar que ya no haces falta

No extraño y eso me hace sentir rara.

Estando, o no, conmigo solías hacer falta.

Ahora, recordándote, no siento nada.

Y pensar que solo mirarte me llenaba el alma.

Eras mi gran amor, ese que trasciende,

el que una siempre recuerda.

Ahora, eres solo un hombre con un nombre que a nada me suena.

Si en el futuro nos presentaran, te desearía mucho bien,

como lo deseo para quien se cruce en mi camino alguna vez.

Si te volviera a conocer, no lo tomes a mal, no te haría caso.

No es arrogancia. Aprendí que de donde a una la sacan una no vuelve y sigue avanzando.

Este aire eres tú

Camina a paso más lento que de costumbre.

Camina mirando sus zapatos.

«Hoy es un día para un cigarro», piensa, pero no es fumadora, así que esa intuición se desvanece.

Avanza. Avanza un poco más y vuelve a intuir: «algo no anda bien, porque hay ganas de escribir y solo escribo cuando no estoy bien y cuando lo estoy añoro escribir».

Micaela extraña, extraña a Silvia, su hermana.

Se despidieron en un sueño, pero sigue haciéndole falta.

Hace unos días escuchó que el dolor de perder a alguien tiene su sustento en que uno se pierde a sí mismo. Se vuelve un ser mutilado, se transforma, no queda igual.

Algo encajó cuando escuchó eso.

Y pensó: «Ese es el vacío que llevo. Ese es el aire que me traspasa por este agujero que dejaste al irte. Viviré el resto de mi vida con este aire, frío y silente. No me quejo. Este aire eres tú. Este aire eres tú».

Extraño todo, menos a ti

Extraño a tu madre, a tu madre y a tu padre, sus abrazos, su afecto.

Extraño tu casa, tu vecindario, esa edad; esos tiempos.

Extraño no saber cosas y la ingenua paz que eso daba.

Extraño. Extraño mucho, pero no a ti.

Extraño mis expectativas, mis sueños, mis deseos.

No a ti. A ti no.

A ti, hoy, no te daré más de mi tiempo ni más de mi afecto.

En cambio, sí mis buenos deseos, eso sí.

Tómalos. Vete lejos. Ve con ellos.

Que sean lo único que de mí ahora tengas.

Micaela a Santiago, el que alguna vez fue su gran amor

Silvia

Hay una desesperación controlada, una nostalgia que no se apaga, una hermana a la que han llamado, y yo preguntándome: ¿qué hago?

De hacer, no se puede nada, quizá alimentar la ilusión, la esperanza de que un día nos reencontraremos y quizá hasta reiremos.

Hermana, terrible es no escucharte, terrible no poder llamarte.

Quizá, con esta pena debería intentar hacer arte.

Si tuviéramos un día más, es de esperarse que intentaría retenerte, porque estoy entendiendo que lo más duro de la vida es la muerte.

Te amo. Te amaré siempre.

Que no pase mucha vida antes de volver a verte.

Marzo

Hoy, Micaela le tiene fastidio, rechazo. Querrá saltárselo cada año.

Su hermana falleció en ese mes. Por si fuera poco, acaba de enterarse de que su tía, la que le decía: «corre, mi gacela», acaba de partir también. De hecho, su cuerpo aún debe de estar caliente. Marzo, infeliz marzo. Mes de partidas y despedidas.

Conversaba con su hermano, el que le queda. Conversaba sobre la muerte y la vida. Sobre el residual de las partidas.

Micaela vive con nostalgias, porque nostalgia es lo que resta cuando tiempos felices se fueron y la gente de esos tiempos partió con ellos.

La nostalgia es el nombre para lo que no se puede explicar. Está relacionada a pasados con puentes rotos, con caminos perdidos y personas desaparecidas.

Micaela siente que están viniendo por más y en cualquier momento es ella, y en cualquier momento se va. Se pregunta si está haciendo bien las cosas y adónde se irá.

Parte II

Todo por ese lunar

No hablaba mucho, al inicio.

Parecía tímido, pero tenía un lunar junto a los labios que sacaba cara.

Era atrevido ese lunar, era atractivo.

En ocasiones, estuve a distancias peligrosas de él.

Un día, me cansé y besé sus labios para que ese lunar suyo no se creyera tanto.

Una vida silenciosa

En tanta quietud, caí en cuenta de que esa es la vida que yo quería:

calmada, sin apremios, ni correteos.

No quería que me invadieran con conversaciones de una habitación a otra.

No quería sentir la bulla de la «televisión basura»

ni teléfonos fijos que suenen con ese estridente y grosero sonido.

En carne viva

Yo, que siempre tuve ramas que te hacían las mejores sombras, hoy no te dejo ni el hoyo donde un día sembré este amor enraizado que una vez tuve por ti.

Julieta a Santiago, su amor ruin

La onírica realidad

Sospecho que duerme para evitar la realidad que le está tocando.

Cuenta que sueña y dice tener conciencia de sus sueños. Dice que toma nota, que les presta atención a todos los detalles, a toda esa información que sus sueños revelan.

Es su realidad, esa que le toca día a día.

Ya no se conoce y dice que le gusta soñar porque así obtiene información de sus pensamientos y sentimientos más profundos.

Dice que sus sueños le cuentan quién es. Por eso duerme tanto y vive poco esa realidad que le está tocando.

Ahora que somos grandes

Conversaba con Martha en el patio del colegio.

Estábamos sentadas en el piso, con yases a un lado y un dibujo de las cosas que haríamos juntas, cuando grandes.

Ahora que somos grandes, me pregunto qué habrá sido de Martha.

Causa y efecto

No quiero que me cuentes tu historia,
    déjame pasar tiempo contigo y lo sabré todo.
    No me hagas promesas porque la vida no es eterna
    y ni tú ni yo estamos estáticos.
    Nos movemos. Evolucionamos.
    Si quieres conocerme, léeme.
    Si me enamoro de ti, escribiré un libro en tu honor.
    Si te enamoras de mí, espero estar a la altura.
    Si nuestros sentimientos coinciden,
    sin duda, habremos sido afortunados.

Resistir

Esos silencios incómodos que no son más que un duelo a muer-
te en el que se impone el más resistente.

Pertenecer

Qué felices eran,
    qué felices son.
    Se pertenecen, yo creo,
    no porque tengan mandatos sobre el otro,
    sino porque saben que, ante todo, se tienen,
    se honran,
    se entregan,
    y es así cómo viven su amor.

Cómo lo veo

Ese hombre es un encanto.
Tiene labios acolchados y a temperatura,
un color canela que baña toda su figura.
Tiene fuerza física y de espíritu.
Diría que llegó a mi vida para dejar todo *in situ.*
Tiene gestos sensualones que mejor no cuento,
prefiero reservármelos y que sean un secreto.
Él tiene un deseo y yo el propio: que la eternidad nos dure
aunque sea un poco.

Algo más sustancial

A ratos, quería compañía,

pero de esas que no estorban, que no exigen, que están ahí para ofrecerte sus inquietudes, sus miedos, sus sueños.

No solo quería una compañía que me hablara de su trabajo, de la oficina, de su rutina, quería de esas otras: de las que tienen contenido.

Quería algo más profundo.

Quería sentir que había tantos allá afuera con las mismas dudas y miedos que yo cargaba.

Así, reales.

El trauma

Despierta y teme salir,

prefiere que la noche continúe para mantenerse con los ojos cerrados.

Su corazón arde, duele, quiere decir algo,

su oxígeno disminuye,

sus pulmones se esfuerzan.

Se pone en posición fetal,

cierra los ojos.

Trata de encontrar calor hasta quedarse, otra vez, dormida.

Algo no le han contado

Quiere ser eterna, que la vida no se le acabe.

Quiere entender el sentido de las cosas, de su existencia y de las que han impactado la suya.

Quiere entender a dónde se le fue la abuela, después de enterrada, y por qué tendría que ser traslúcido cada recuerdo suyo, casi como si no existiera.

Un día ya no estarán sus viejos, eso la atormenta.

Si acaso quiere compartir una conversación o solo abrazarles, ¿será como asumir que ya no se podrá más?

¿Por qué, si somos tan complejos, nuestro fin debe ser como el de una gran película, en cuyo final no hubo mucha creatividad y nos vamos todos con la sensación de que esa trama merecía un mejor cierre?

Algo no le han contado.

Se resiste a pensar que un día no estará más.

Ella será eterna.

Una vez se usó el rechazo

Cuando niño, se caracterizó por tener un agudo carácter reflexivo y, en algunos casos, esto le trajo problemas, tal como en la escuela, por ejemplo, donde le llamaban el Sabelotodo.

Sus compañeros no celebraban su interés por la lectura ni su amplitud de conocimiento.

Pareciera que ante la desaprobación, forzosamente, debía pasar tiempo a solas; tiempo en el que de seguro creó muchas historias, las mismas que años más tarde tangibilizaría en obras.

El evasivo Santiago

El viernes no lo vi, aunque me hubiera encantado.

El sábado, ambos, cada uno por su lado, hicimos las cosas que habíamos planeado.

No faltaron las llamadas que, viniendo de él, siempre son bienvenidas. Tampoco nos vimos.

Sabía que el domingo me despertaría contenta porque habíamos planeado salir.

Ese día, temprano, me pinté las uñas, elegí la mejor ropa para lucir linda.

Tampoco lo vi.

Micaela contando de Santiago, su amor ruin

Nuestro techo

Fuimos al parque de siempre, le dimos una vuelta, nos sentamos en el pasto.

A veces yo me echaba y ella dormía. Ese era nuestro lugar, justo debajo de los árboles.

¿Cuándo los habrán sembrado?, ¿cuánto tiempo llevarán ahí?

Son inmensos. Forman un techo natural:

nuestro techo.

Su inseguridad y mi delirio

Él no se lo cree.

No se cree que resulta sensual esa forma que tiene cuando lo veo por detrás.

No se cree que su mirada me ha contado historias que hicieron que me quede.

No se la cree.

No se cree que lo pienso más veces de las que puedo calcular y que sonrío sola, imaginándolo.

No cree que mi amor no es loco, sino bien cuerdo,

porque cada día lo elijo, cada día racionalizo mi vínculo con él, cada día lo reafirmo.

No, este amor no puede ser loco.

Razones para elegirlo cada día sobran.

Mi amor es racional.

No se la cree.

Existencia inquieta

No me quiero ir sin entender a qué vine.

No quiero vivir sin indagar sobre mi propio origen y de todo lo que se ha puesto a mi disposición para conectarme con quien me puso aquí y ahora.

No quiero vivir sin sentir la vida profundamente,
tampoco quiero andar sin reflexionar.

No quiero que el día en que este cuerpo muera y se haga polvo no exista espíritu mío que no sea eterno.

Flashback de la niñez

Micaela estaba dando su paseo matutino por el parque. De la calma que se sentía iba pasando gradualmente a la excitación. Aparecían sus vecinos caminando a paso ligero, apurados, serios; todos vestidos «a la tela».

Una madre corriendo con su niña hacia el colegio. Un chico gritando a su perro que regrese, porque ya tenía que salir al trabajo; el camión recolector de basura y un vehículo de serenazgo.

De pronto, se sintió abrumada. Un canillita en bicicleta fue lo único que la regresó a la calma. Vio a ese chiquillo en sus 14 años desplazándose con una sonrisa y con evidente gracia para maniobrar su vehículo. Parecía arte la forma en que manejaba. Se paraba, se sentaba, daba giros y los periódicos no se le caían.

En ese momento, recordó que cuando niña, una vez, vio la misma escena: adultos serios caminando en diferentes direcciones. Eso la impactó. Sintió temor de lo que vendría cuando creciera. Regresó en sí misma; al parque, al canillita, al barullo.

Y pensó: «Ya sé, me defenderé de la vida viéndolo todo como si aún fuera niña. Tengo el criterio que me da la adultez, pero no quiero vivir mi vida como un adulto que no tiene memoria de su niñez».

Cuando no se perdona

Cuando te sientas mal por haberme herido tanto, piensa que ya te perdoné.

Piensa que ya todo pasó,

que la vida nos ha puesto en el lugar que nos merecemos,

que debía conocerte para disfrutar del amor sano,

desde el testimonio de un amor que me hizo daño.

Piensa que te dejé porque hay que soltar para crecer.

Hay que dejar atrás a los que no quieren avanzar.

Y cuando me recuerdes llorando y callando,

solo piensa que, hoy, mi mejor revancha serán mis letras con las que no deseo dañarte, pero sí calar en lo más profundo de tu arrepentimiento.

Micaela a Santiago, su amor ruin

Hagamos silencio

A Micaela no le gusta hablar por teléfono, menos por videollamadas.

A veces, se ha quedado mirando la pantalla sin poder contestar.

Eso le ha costado amistades y familia.

En algunos casos, le ha resultado un gran pesar; un gran dolor. En otros, más bien un alivio.

Tampoco le gustan las visitas,

prefiere los encuentros en la calle por si, de pronto, le asaltan las ganas de estar sola.

No es una persona de multitudes.

Lo ha intentado, pero ha quedado mal.

Ha sentido esas veces como si le hubieran succionado la energía y ha quedado debilitada, descompensada.

En esas oportunidades, ha tenido que pasar tiempo a solas de manera forzosa para «volver a sentirse», así le dice ella.

No le gusta la noche. No le gusta la bulla. No le gustan los perros, pero ama a su hurón Jonás.

Es guionista. Solía cantar, no en bares, sino a su abuela.

La abuela murió y ahora su voz se desafinó.

La eterna Saori

Esa sería su última noche. Después de doce años, ese pequeño y generoso can se iba.

A Micaela poco le importaban sus heridas en la piel, su falta de pelo y su resequedad.

Extendió su *sleeping* junto a la cama de su hija, apagó la luz y se echó a su lado.

La abrazó muy fuerte, casi como queriendo retenerla, y le susurró al oído: «gracias».

Aún le hace falta.

Aún va al parque al que la llevaba.

Aún se pide el mismo helado y se sienta en la misma banca.

Todo solo para acercarse un poco a ella.

Cosas

Se ha puesto los audífonos, no para escuchar, más bien para no hacerlo,

 para poner sus barreras.

 Quiere estar con ella misma, solo con ella.

 Hay gris y frío en su ciudad y, aunque eso para ella signifique la vida poniéndose nostálgica, le gusta así porque en la nostalgia está en el reconocimiento

 y en el reconocimiento el valor de las cosas.

Mis certezas

Me gustan esos momentos en que cierro la puerta y solo quedo yo.

Aunque a veces no tenga nada que contarme y lleguen esos silencios incómodos, que a solas son un goce.

Me gustan los ratos en que solo estoy yo porque, al final, las únicas certezas que tengo son las mías.

Su condición

Él sería mi «para siempre» y en mi corazón se quedaría en esa forma;

así le decía; él nunca contestaba, tampoco le sacaba con eso una sonrisa.

Desde luego, así fue; para siempre se quedó ahí, doliendo.

Micaela a Santiago, su amor ruin

Sobrevivir

No. Yo siento, siento tanto como tú.

Lo que me pasa no es indiferencia ni la incapacidad de emocionarme o de tener empatía. Ocurre que, en los últimos años, he vivido con el ejercicio de endurecerme.

Una vez, escapé de la realidad de tanto dolor que llegué a sentir.

Escapé, así como lo lees.

Me fui a otro lado y cuando un día regresé, comencé a experimentar algo inusual en mí.

Cada vez que sentía alguna emoción, especialmente alguna que me dañara, una fuerza interna tomaba esa emoción y la hacía desaparecer.

Era tan poderosa su presencia que no se iba hasta dejarme neutral, exenta de cualquier emoción.

Ese era su trabajo conmigo, asumo.

Así he vivido los últimos años.

Siento, siento mucho, pero me dura poco cuando es algo que me daña.

Lamento tu tristeza.

Lamento que te hayas enamorado de alguien que sobrevive.

Lamento tu dolor.

Yo siento, siento mucho, pero se ha creado en mí un mecanismo de supervivencia.

Yo te amo y te amo mucho, pero mi condena es que este amor es tan inmenso como inmensa es la voluntad de ese poder que me exime de las emociones que me lastiman y me hacen huir.

Frida, la condenada a sobrevivir

La razón del café

Tomar café me embriaga.
Denme café para crear.
Denme café para decir la verdad.

Micaela, la guionista y escultora

Todo es sobre él

Llevaba tiempo deseándolo. Se había adaptado a la idea e incluso esta le provocaba entusiasmo, un entusiasmo que por momentos la ponía nerviosa.

El día llegó, decidió ir sola al albergue. Pensaba que era mejor que estuvieran solos e iniciar el vínculo así, como en una cita de a dos. La llevaron a conocer animales de distintos tipos: cachorros, adultos, ancianos. Todos encantadores.

Micaela se sintió atraída por uno que lucía mayor, se veía tranquilo, hasta un poco triste. Pensó que tal vez nadie lo querría por ser así, retraído, apartado. Eso la hizo intuir que ese perro era para ella.

Cuando llegaron a casa, él observaba todo el lugar, como quien reconoce que algo en su entorno ha cambiado; eso la enternecía.

Con el tiempo, él fue ganando terreno en la casa, ya se desplazaba con confianza.

En los paseos, caminaba con entusiasmo. A la hora de la comida, saltaba de alegría, lo poco que podía saltar. Solo había una cosa, él aún no creaba un vínculo con ella.

Los meses pasaron. Llegaron dos años y él, en la casa, se iba a lo suyo y ella forzosamente tenía que seguir su rutina como si no tuviera perro. No le movía la cola. Cuando ella lo buscaba para darle cariño, él le gruñía. En ocasiones, llegó a morderle.

Micaela fue acumulando tristeza. Ella deseó mucho un perro porque quería un compañero, uno que estuviera todo el tiempo, pero no fue así, ella solo estaba para servirlo, atenderlo y cuidarlo.

Él nunca creó un vínculo con ella y Micaela se refugió en la idea de que esta historia era sobre él y no sobre ella.

La costumbre

¿Para qué la mantiene en su vida si café ya no comparten?,

si cuando cierra la puerta, ya no se encuentran,

si hoy en día, se fastidian.

Qué fuerte es la costumbre.

Qué daño hace pensar que la soledad es la abanderada de
la tristeza,

cuando valerse de sí mismo es la promesa de una vida plena.

Micaela y Santiago, su amor ruin

Micaela en cuarentena

Me asfixio.
Ahora mismo, el mundo me queda grande.
Me agobio.
Todo ha crecido y yo me he reducido.
Me muero.
Ya no crezco, no evoluciono, no me muevo.
Muero.

He muerto tantas veces...

Hay varias razones por las que la gente muere, o su actividad cerebral se detiene, o su corazón, o sus pulmones.

Yo morí el día en que desperté en un lugar que no reconocía.

Morí el día en que me lastimó gente que supuestamente me quería.

Moría cada vez que me decían cómo vestirme.

Moría cuando me hacían sentir que mi voz era muda,

que mis sentimientos eran infundados y olvidados.

Moría cuando se apropiaban de un espacio que era mío

y entonces ya no había dónde llorar, dónde expresarme, dónde existir.

Morí el día en que no tuve más alma y desperté en aquel lugar que no reconocía.

Ese día morí.

Te busco si te extraño

Me gustaban sus ojos tristes porque en la tristeza nos encontrábamos.

Los nostálgicos atraen gente que extraña,

los tristes a gente que no sonríe;

entonces, construyen recuerdos juntos, donde siempre puedan encontrarse cuando se echen de menos y, por esas coincidencias, comiencen a sonreír.

Sigo triste. Sigo extrañando.

Hoy, se me ocurrió buscarte entre recuerdos gratos, aquellos en los que podría volver a verte, a ti y a esas sonrisas que creamos juntos.

La del cigarro

Ella era la del cigarro. Las exposiciones la ponían sumamente nerviosa. Los efectos de ser el centro de atención, por unos escasos minutos, la sobrepasaban.

En esos casos, salía del campus, se paraba en la esquina frente al bar de la universidad, prendía su cigarro y se quedaba ahí, tratando de olvidar el inminente momento de su exposición.

Fumaba a solas. En compañía, no le gustaba mucho. Era demasiado el humo, más del que podía soportar. Apenas lo hacía con el que ella misma generaba. Se mareaba. No entendía por qué el cigarro tenía ese efecto en ella, pero le restaba importancia. Exhalar humo era exhalar sus angustias; inhalar humo era envenenarse con ellas. Así lo hizo muchos años. Sus eventuales parejas se quejaban de que sus besos sabían a cenicero.

«Qué estupidez», pensaba ella, «que no me besen si no quieren», pero la seguían besando.

Alguno, una vez, le dijo que parecía hombre, que ni él fumaba y ella sí. Siempre se metía con cada personaje que lo único que generaban era que se apegara más a su cigarro y fume cada vez más sola.

Apenas se respira

Las tardes, esas que se ven entre las persianas, esas que calientan mi cama y la iluminan en tonos naranja.

Ya hace un tiempo que me la paso el día echada. Otra cosa no puedo hacer.

Fuera de la cama, la ansiedad crece. En ella, la ansiedad se contiene.

He tenido sueños, muchos; de mis miedos, desde luego. Uno, el más grande, quizá, es que todos se mueran y quede solo yo, por ahí, deambulando en la vida sin saber cómo vivir sin los que se han ido.

Me perturba la idea de vivir con vacíos. Me perturba que los vacíos me generen una muerte lenta. Me perturba la muerte lenta porque tendría tiempo, en ese trance, de recordar lo que más amaba de mi vida.

Y la vida, desde luego, quisiera fuera eterna, como eternos los que amo, como eternos los que ya se han ido, como eterno el vacío que me dejaron, como eterna mi agonía.

Martha

Martha apareció,
es vieja y fea.
Ya no juega a los yases,
ya no es divertida,
ya no cae bien,
ya no es mi amiga del patio de la escuela primaria.
Es más bien como la imagen de una mujer adulta acartonada y avejentada.
Apareció y, desde entonces, sus acercamientos son con interés, interés en ella y en que la validen.
Apareció para fastidiar, pues.
Martha es ahora como un murciélago chupasangre que entra a mi casa a consumirme para luego retirarse.

Elvis y el oso marrón sin nombre

Cuando niña, tenía un oso de color rojo. Se llamaba Elvis. ¿Le habrá durado sus años?, ¿o lo habrá llevado a todos lados? Porque estaba bastante desgastado, a tal punto de que despertaba el interés de todos en la casa por desecharlo; ya no era justo que esa niña anduviese con un oso tan feo, maltrecho y viejo.

Ante cada descuido de Micaela, el oso era raptado para tener como destino el basurero, pero algo pasaba en cada intento que ella lo rescataba. Era una ida y venida de aquel oso que no terminaba de hallar su destino. Así pasó el tiempo hasta que finalmente Elvis desapareció.

A los 8 años, Micaela recibió un nuevo oso como regalo de su madrina. El día de su cumpleaños ella le dijo: «alguien te espera en la sala». Micaela fue corriendo. Esta vez era un oso de color marrón, y estaba sentado en una silla. Abrió los ojos más que de costumbre por la ilusión. Nunca le puso nombre. Tal vez, aún le guarda duelo a Elvis.

Micaela ya es una mujer adulta. El oso de color marrón y sin nombre sigue con ella.

Puede dormir sin él, pero aun así lo abraza cada noche. Lo pone de almohada cuando va a leer. Lo pone a la altura de su corazón cuando se siente afligida.

El oso marrón sin nombre ha adelgazado, pero esta vez nadie lo va a botar. Ella lo necesita. No importa que sea adulta y madura. De hecho, aún echa de menos a Elvis y hubiera querido ser más «avispada» para salvarlo de su ingrato final.

Mucho no es bueno

Me gustaba el sushi, me fascinaba. Era un acontecimiento importante ir a consumirlo. Conocí a un hombre que me invitó a comer tanto sushi que terminé por odiarlo, —al sushi, digo, y a él, de paso—.

De hecho, conocí a un hombre con quien estuve un año, un tortuoso año. Le gustaban los gatos tanto como a mí. Él tenía una gata llamada Carmencita. Era adorable, la condenada, pero esa adoración no la ejercía yo, sino él. Todas sus conversaciones eran sobre Carmencita. Sus cuadros de la oficina, su sillón favorito, en el que ni yo podía sentarme, pues ahí estaba Carmencita. Así que me cansé y lo dejé. Por eso tengo un hurón. ¿Quién querría uno?

Ahora que no vengan a fastidiarme el asunto porque si me enamoro de un fanático de los hurones y, según mi historial, termino odiándolos, no sé qué haría con Jonás, el mío.

Dúrame

Quisiera eternidad contigo y que nuestro amor no tenga caducidad.

Así las discusiones no serían de vida o muerte y tendría tus besos en la frente incontables veces.

Haríamos desayunos creativos. Te leería los mejores libros.

Compondríamos nuevas canciones, sabiendo de memoria todas las que se han escrito.

Comenzaríamos a producir películas porque las que ya existen nos las acabaríamos todas.

Podríamos ser muchos personajes y acumular miles de historias.

El color de las paredes tendría tiempo de desgastarse, dándonos la excusa para crear nuevos comienzos.

Sería un amor reinventado, un amor que se sostenga en el tiempo.

Seríamos tú y yo de la mano; así de jóvenes y luego viejos.

La vida con agujeros

La vida con agujeros, sí, con agujeros.

Esos orificios por donde entra el viento, tratando de llenar vacíos que dejaron los que ya se fueron.

Una vida con agujeros se va diluyendo.

Eventualmente, esos agujeros se juntan y llega el turno de uno.

Ahora, uno es el agujero en la vida de alguien más. Si acaso se ha llegado a ocupar un espacio en ella.

Saori, por ejemplo. Saori es un agujero enorme, tan presente en mi vida como los lugares que eran nuestros y que aún visito.

Siento el viento, un viento que es ella, fuerte y frío.

Mientras más frío, más la nostalgia, más la pena, más fuerte la calidez que me ofrecía su presencia.

Me desespera su recuerdo porque no quisiera que sea uno; quisiera que esté conmigo.

Yo no sé vivir sin ella, lo intento, pero no es igual.

Y sí, quiero que sea igual.

Quiero que no sea un agujero.

No quiero sentir este viento.

No quiero sentir este frío.

No quiero que no esté.

Quiero verla todos los días.

Quiero abrazarla.

Quiero que vuelva a existir y que regresemos a esas rutinas.

Esas rutinas que eran solo nuestras.

La eternidad para nosotros

Si quieres saber si he sido feliz, debes saber que no, no lo he sido.

Y que si te he superado, pues no, no he podido.

En mí, estabas tan presente que volver a ilusionarme habría sido imprudente.

Que ya nada me recordaba a ti. Eso nunca sucedía.

No había día que pasara que no sintiera melancolía.

Ya sé que es muy común decir que todo me recordaba a nosotros, pero no puedo refutar lo que no podía ser de otro modo. Ya sabes que no quiero volver a extrañarte, como dice la canción que te envié hace un instante.

Quiero que mis días sean contigo y que siga creciendo lo que hemos construido.

Están de vuelta tus labios acolchados, tus manos bellas, tu color canela.

¡Espero que hayas vuelto para no irte más y que esta vez, para nosotros, sea la eternidad!

Maleable

Se transforma cuando está en su compañía.

Es otra persona.

Se vuelve grosera, atolondrada, escandalosa.

Se vuelve chabacana. No la soporto.

Su sensibilidad se esfuma.

Bebe en abundantes cantidades.

Se pierde, aunque ella diga que se halla.

Yo la veo difusa, de modo que, en esas ocasiones, yo sí la doy por perdida.

No es mi batalla, ya no.

Usualmente, yo iba a buscarla y a traerla de regreso, pero ya me resulta fútil esa dinámica malgastada.

Yo la quiero porque es sabia, sensible e íntima, pero en su compañía es insoportable y se diluye.

Confiable es mi gato, Pedrito. Ella no, en tanta intermitencia.

Podría dejarle un mensaje notificando mi renuncia.

Podría escribirle una carta para fundar mis razones.

Podría, quizá, regresar a mis quehaceres antes de ella.

Podría, mejor, pasar más tiempo con Pedrito.

Conversaciones estériles

—Hola.

—Hola

—Mmm, ¿qué haces?

—He venido a buscar un libro que me han recomendado hace poco. Hay promoción, así que creo que aprovecharé y compararé material para un par de meses. ¿Tú, qué haces?

—Ah, ya, chévere.

Fin de un amor que quiso y no pudo ser

Interlocutoras

Este amigo mío llamaba una vez tras otra, día tras día. Yo solo atinaba a contestarle por mensajes o audios, nunca de otra manera. Esto lo agobiaba; y a mí, que me llamara tanto.

Yo no puedo, aunque quisiera, sentirme cómoda con las llamadas, no las tolero, me atosigan, me invaden, sacan versiones mías que desconozco y, desde luego, prefiero interactuar tal como soy.

Si contestase alguna llamada, no respondería por la versión mía que pudiese salir.

Podría ser Valeria, la verborreica; Casandra, la que no habla nada, la que contesta con monosílabos, la que no tiene el don de la palabra. Tal vez, Marcela, la generosa, la que se aburre al segundo, pero rebusca un hilo de conversación y siente alivio cuando la llamada termina. No soy ninguna de esas, no quiero ofrecer eso. De ahí, la razón de no contestar.

Rubén, el amigo en cuestión, nunca lo entendió y un día, en que de nuevo, no volví a contestar su llamada, pero fui valiente, transparente o suicida, quizá, y le expliqué que no me sentía cómoda hablando por teléfono, que mejor sería hacerlo por mensajes, me contestó diciendo que no era merecedora de su amistad. Me dijo, también, que me quedaría sin amigos por ser tan huraña, por tener manías y formas raras, que de él no volvería a saber.

Sigo sin contestar llamadas, pero sí mensajes y muy seguido. Eso, por fortuna, ha logrado sostener algunas amistades, quizá con las mismas manías y formas raras que yo.

Las amigas del deporte

Micaela sale cada mañana a ejercitarse como también a caminar con sus perros, Aceituna y Mostaza. De tanto ir al parque ha hecho amigos; por ejemplo, Filomena, la señora que vive al frente de su casa. Lo descubrió un día en que se despidieron y, en silencio incómodo, se acompañaron sin planearlo.

Filomena tiene un perro que, a su vez, tiene el deseo vehemente de pelear con Mostaza, quien le corresponde con entusiasmo. También, tiene una hija de la misma edad que Micaela. Esta no es su amiga, pero ella quisiera que lo fuera. La amiga es la mamá, cosa que está bien, aunque sería mejor si la hija se uniera al clan, pero ella no quiere, no le interesa.

Micaela se cruza muchas veces con la hija, la mira buscando iniciar un saludo. La hija nunca gira la cabeza hacia ella, la ignora. No sabe su nombre, por eso le dice «hija». No siente culpa de llamarla así sin haberla engendrado. Lo cierto es que no tiene más información sobre ella.

Comienzan a cruzarse más seguido. Ahora la hija la mira. Micaela se entusiasma, le sonríe; la hija, no. Siguen coincidiendo. Micaela insiste. Esta vez, es un poco más osada y la saluda. La hija le ofrece una sonrisa apretada. No importa, es un progreso que Micaela celebra.

Un día en que retornaba de su entrenamiento de cada mañana se volvió a cruzar con la hija, quien esta vez iba vestida con ropa de deporte y un reloj de corredor en la muñeca. En ese momento, ambas eran iguales. Esta vez, las dos se miraron, las dos se sonrieron, desde entonces, siempre se saludan.

Micaela siente que esa es una victoria, victoria que llegó gracias al deporte.

Eran presas

Todas estaban heridas de gravedad.

Andaban solas a su ritmo, a su precario y peligroso ritmo.

Todas habían conocido el dolor inexorable de un amor insano, de un amor despiadado. Andaban maltrechas, embebidas de una seguridad falsa, traicionera.

Todas se habían convertido en presas heridas, objetivo de depredadores.

Estaban destinadas a desaparecer.

Fue cuando sus caminos se cruzaron. Se limpiaron las heridas. Armaron un escudo humano.

Le dieron tiempo a la cicatrización y a la reconstrucción.

Se fortalecieron. Aprendieron a reconocer lo que las engrandece y lo que les puede hacer daño. Lo que está bien y lo que está mal.

Aprendieron otra vez a vivir.

Ellas estaban destinadas a encontrarse para vivir en autonomía y nunca más en soledad.

La piñata y la línea de partida

Me gustaban las fiestas infantiles; siendo la única razón el cúmulo de dulces a mi disposición.

La hora de la piñata me aterraba. Ahora que lo pienso, mi carácter ya estaba forjado, entonces. En esa época, la hora de la piñata era lo mismo que estar en la línea de partida de una carrera, era una mazorca de ansiedad, nervios, taquicardia, ganas de huir a buscar un lugar seguro.

Siempre era la misma canción; un niño gritando: ¡piñata¡, alargando la última sílaba, dándole entonación de grito de guerra. Era cuando los niños, niñas y padres se ponían en posición de atleta en línea de partida.

El golpe certero, perforando el muñeco de cartón, venía a ser lo mismo que el pitazo de partida, anunciando el inicio de la carrera; todos se echaban a correr.

Nunca me gustó enfrentarme a nadie, menos a la violencia con la que se daba ese enfrentamiento. Los niños empujaban para coger más juguetes y caramelos; como en la línea de partida, los atletas a los codazos, en un afán de hacerse de un mejor lugar. Sin duda, mi carácter ya estaba forjado.

Lo que vendría a ser diferente es que, si antes me iba a casa con el juguete que caía a mis pies y resultaba mío indiscutiblemente, sin el menor esfuerzo, ahora, si las circunstancias me ponen en la línea de partida de una carrera, con la mazorca de nervios a cuestas, me echo a correr para regresar a casa con una medalla a razón de todo mi esfuerzo.

Y al final, hoy

Micaela notó algo diferente en su reflejo, estaban las mismas líneas de expresión marcando su rostro. Seguía sin tener el abdomen plano, como ha perseguido tenerlo por años, sin conseguirlo. Sus brazos seguían fofos, sus piernas se mantenían flacas, su cabello aún lo sentía tosco.

Esa mañana, incluso, volvió a tener problemas para abandonar la cama, producto de los traumas que la han acompañado hace años, que nadie debe saber y que, en realidad, nadie sospecha.

Micaela reconoció esas líneas de expresión como las primeras arrugas de una mujer madura. Vio su abdomen y pensó que así, sin estar marcado y con ese tatuaje a un lado, luce bien y le gusta.

Los brazos, sin embargo, siguen sin gustarle fofos y resolvió que mejor saludaría diciendo: hola, y evitaría agitarlos en el aire, por consideración a ellos que han hecho lo mejor que han podido ejercitándose.

Sus piernas están bien así, flacas; «al menos están tonificadas», piensa.

El cabello lo ata con un moño que le da seguridad. Y los traumas, bueno, ellos han hecho que hoy sea más fuerte y aunque tarde en salir de la cama igual lo consiga.

Micaela se gusta. Se acepta. Los años le están cayendo bien. Las penas y las alegrías. Las buenas y malas decisiones. Las nobles y tortuosas compañías.

Todo, absolutamente todo ha servido y hoy es feliz.

LECTURAS RECOMENDADAS

Nueva vida (Diego Garrido)

27 poemas de amor (Shirley Morales Estefan)

El eco de las palabras (José Angelino Leal)

De anécdotas y casualidades (Juan Gutiérrez)

So do I (Stephanie Suito)